TRAITÉ DES NOIRS,

PRÉCIS HISTORIQUE

SUIVI

DE QUELQUES OBSERVATIONS

SUR

LE PROJET DE LOI.

AU PROFIT DES INDIGENS.

AIX-LA-CHAPELLE,

SE TROUVE A LA LIBRAIRIE DE CREMER

ET A PARIS

CHEZ DELAUNAY, PALAIS-ROYAL.

1830.

DE L'IMPRIMERIE DE J.-J. BEAUFORT.

TRAITE DES NOIRS,

PRÉCIS HISTORIQUE

Publié

A l'occasion du PROJET DE LOI présenté à la chambre des Pairs le 14 décembre 1830, par M. le Ministre de la marine et des colonies.

M͏on but, en publiant ce précis, est de placer sous les yeux du législateur, un faible aperçu des cruautés inouies auxquelles le nouveau projet de loi doit enfin mettre un terme. Des mesures efficaces, énergiques, vont donc être discutées, adoptées et si ce noble exemple est promptement suivi dans les deux mondes, l'humanité n'aura bientôt plus à gémir sur un trafic odieux : il est temps sans doute ; depuis deux siècles et demi, *quarante millions de noirs*, ont été exportés d'Afrique. Ce fait est constant.

A la Jamaïque le nombre des esclaves était en 1815 de *trois cent-treize mille huit cent quatorze.*

A la Martinique, malgré la loi prohibitive du 25 avril 1827, on a vendu *publiquement* en 1829, *deux mille cinq cent onze noirs.*

Une société philanthropique, formée à Paris il y a quelques années, sous le nom de *Société de la morale Chrétienne*, et qui compte dans son sein des sommités parlementaires et des notabilités littéraires, s'est occupée avec un zèle infatigable depuis sa création de tous les moyens d'éclairer le gouvernement sur les artifices employés par de barbares spéculateurs pour se soustraire au châtiment légal ; elle a même publié des mémoires où sont dévoilés les subterfuges, à l'aide desquels on élude toute surveillance et l'on rend les lois évidemment illusoires.

Cette intéressante publication a fait connaître entre autres choses que c'est un prête-nom qui figure sur les rôles d'équipages, comme capitaine du navire, tandis que le véritable capitaine s'embarque en qualité de second ; comment aussi l'on achète des matelots, la promesse qu'ils mentiront sur le but de leur voyage devant le commissaire de la marine. Elle apprit encore que plusieurs, reviennent si révoltés des horreurs dont ils ont été témoins, qu'ils ne veulent pour aucun prix repartir sur de tels bâtiments.

La plupart des vaisseaux négriers, parfaitement construits pour la marche, sont des bricks, des goëlettes ou des lougres de petite dimension : il est peu de ces derniers qui excédent 200 tonneaux; c'est dans un espace aussi étroit qu'on transporte les malheureux nègres, arrachés à leur patrie, soit par la force, soit par la ruse; c'est là que souvent 300 créatures humaines sont entassées dans un entrepont de trois à quatre pieds de haut! cent individus y respireraient difficilement! qu'importe que l'attitude forcée dans laquelle on enchaîne les noirs, devienne le plus atroce des supplices, surtout pendant un long voyage, qu'importe qu'un sang fétide découle de leurs membres ulcérés par les fers, qu'importe qu'il en meure dans le trajet, si malgré ces *avaries*, le reste de la *cargaison* se vend avec un énorme bénéfice.

Survient-il une tempête, on couvre les écoutilles d'une toile goudronnée qui, empêchant l'eau de pénétrer dans le navire, intercepte le passage de l'air. Lorsqu'en suite l'orage se dissipe et que l'on soulève cette toile, l'odeur infecte, cadavéreuse qui s'exale de l'entrepont apprend aux bourreaux qu'une partie de leurs victimes a péri asphixiée. Alors ont fait une *revue* et les *flots* ensevelissent non seulement les morts, mais aussi ceux qui, étant trop exténués par les souffrances, n'arriveraient pas à leur destination et qu'il faudrait en conséquence nourrir sans espoir de profit.

Pour se former une idée plus juste encore du supplice d'une longue traversée, il faut savoir que les infortunés noirs sont chargés de fers et de fers horribles : des entraves retiennent leurs jambes; des barres de fer lient ensemble et tiennent immobiles toute une rangée d'esclaves *arrimés* au navire comme des ballots; il y a en outre les *poucettes* pour mettre à la gêne ou plutôt à une autre torture ceux que l'excès des douleurs exaspère, rend furieux et couvre de l'écume d'une espèce de rage. Ces affreuses poucettes serrent les poignets ou les mains, au moyen d'une vis et d'un écrou, jusqu'à ce que le sang jaillisse !

Comment après ce trop fidèle récit pourra-t-on croire que dans l'un des principaux ports de France, on se livre ouvertement à l'exécrable commerce de la Traite ; que c'est à Nantes où l'on construit aussi ces cachots flottans et où l'on forge ces fers meurtriers, ces instrumens de torture?.... Ce fait d'abord signalé au milieu même du parlement anglais, a été constaté ensuite par un des honorables membres de la société de la morale chrétienne, qui s'est exprès rendu sur les lieux, a reconnu et consigné son exactitude dans une lettre adressée au président de la société. Ce document précieux pour l'histoire est dû à l'ardeur constante de M. le baron de Staël, et nous y avons puisé des détails qu'il nous a semblé urgent de reproduire au moment d'une discussion sur un objet d'un si grand intérêt.

Il est impossible que dans l'état actuel de la civilisation la Traite des nègres subsiste plus longtems ; mieux vaudrait encore, si l'on devait ajourner une nouvelle loi, abroger celle qui est en vigueur, car cette dernière, incomplette, insuffisante, n'a servi qu'à accroître toutes les souffrances des noirs. Les cruels négriers ont imaginé les plus atroces moyens pour échapper aux recherches, aux poursuites des bâtimens de l'état, en croisière sur les côtes de

Guinée : la forme des navires a été modifiée parce qu'elle étoit trop reconnaissable ; on a resserré leurs flancs, sans vouloir pour cela diminuer le nombre des esclaves importés, et ces victimes d'une infâme cupidité ont aujourd'hui beaucoup plus à souffrir qu'avant la loi actuelle. M. de Staël a visité à Nantes un petit bâtiment de 106 tonneaux, la *Bretonne*, qui avait transporté aux Antilles plus de 250 esclaves !

La Traite s'effectue de deux manières : soit par enlèvement furtif, soit par achat dans des marchés publics. On appelle *Elatihs* les marchands d'esclaves. Ceux-ci se les procurent par les plus abominables moyens.

Le général Rook, commandant un fort dans un établissement anglais, affirme que trois marchands d'esclaves ont cherché à le séduire pour les aider à surprendre, à enlever 150 nègres libres, en Gorée, et qu'il les a chassés avec indignation.

Le prix des esclaves diffère selon la guerre ou la disette. Ordinairement un esclave vaut 10 à 12 ducats contre des marchandises : la valeur commune d'un noir est de deux planches de sel, ou trois fusils, ou un mauvais cheval ; le capitaine Heathley a vu donner dans les environs de Gambie, 40 esclaves pour un cheval tartare.

Mungo-Park, auquel la géographie doit de si importantes découvertes, rapporte qu'un nègre, surnommé *Gustave-Wasa*, à cause de la hardiesse d'un complot qu'il avait conçu, a été vendu, par échange, environ 86 francs, argent de France.

Les nègres que livrent les Elatihs sont attachés 4 par 4 avec des courroies tordues ; quand ils sont devenus la propriété d'un capitaine européen, on leur met des colliers de fer et des chaînes ; la jambe droite de l'un est attachée à la jambe gauche de l'autre. Le transport de ces malheureux à bord des navires est un spectacle qui fait horreur.

Un vaisseau anglais de Liverpool, de la contenance de 320 tonneaux, a emmené, dit le capitaine Parey, 321 nègres, 127 négresses, 90 jeunes noirs et 41 jeunes filles ; ensemble 579 esclaves.

Un autre bâtiment de 325 tonneaux avait pris à Bonny un chargement de 700 esclaves, quoiqu'il ne fût disposé que pour 350.

Une ancienne ordonnance du parlement britannique avait ainsi fixé l'espace qui appartenait à chaque noir : pour un homme, 6 pieds de long, sur un pied 4 pouces de large : une femme, 5 pieds 10 pouces de long sur un pied 4 pouces : un jeune nègre, 5 pieds sur un pied 2 pouces : une jeune négresse, 4 pieds sur un pied. Qu'on se figure maintenant qu'elle dut être la gêne insupportable de ces infortunées créatures lorsque 150 autres vinrent les obliger à se resserrer, ou plutôt à s'entasser au point que, ne pouvant plus être couchées sur le dos, on les contraignit à se mettres toutes sur le côté!....

Les étages d'entrepont des grands navires négriers n'ont pour l'ordinaire que 2 pieds et demi d'élévation : de sorte que souvent les esclaves ne peuvent point s'y tenir assis.

Rien n'égale le méphytisme qui règne dans ces lieux infectés, où la dyssenterie, le scorbut et la petite vérole éclatent à la fois : lorsque le tems est beau on conduit les esclaves sur le tillac, et là, pour les forcer à prendre de l'exercice, on fait sauter, danser, même les plus affaiblis, à grands coups de fouet.

On a calculé que sur 490 esclaves, il en mourait 180, ou sur 895, 356, pendant une longue traversée.

La chaleur excessive, les miasmes, les ma-
ladies, les souffrances qu'occasionent les fers
et l'entassement des noirs dans le navire ne
sont pas encore les seuls maux que ces malheureux ayent à supporter. Les calmes en pro-
longeant le voyage deviennent pour eux une
nouvelle source d'infortune : leur ration de
nourriture et d'eau est diminuée, et c'est alors
que la mortalité fait des progrès effrayans : c'est
alors aussi qu'on a recours à des expédiens qui
soulèvent l'ame d'indignation. En voici quelques exemples :

Le capitaine Coel . . . . . partit d'Afrique
en 1781 avec un bâtiment chargé de 440 nègres : un long calme l'arrêta dans sa course ;
60 noirs moururent en peu de tems par l'in-
suffisance des alimens. Le navire et les esclaves
étaient *assurés ;* afin de faire indemniser de
cette perte les propriétaires du vaisseau, le
capitaine osa démontrer aux officiers que s'ils
attestaient que les esclaves mouraient autrement
que de mort naturelle et qu'il a fallu s'en dé-
faire pour sauver l'équipage, (cas prévus par
les clauses d'assurance) le dommage serait sup-
porté par les assureurs seuls ; il voulait pour
motiver le forfait qu'il méditait, prendre pre-

texte du manque d'eau ; les officiers se refu-
sèrent à constater cette homicide imposture ;
mais le féroce capitaine fit néanmoins jeter à
leur insçu 132 nègres dans la mer, quoiqu'une
pluie abondante vint fournir au bâtiment une
grande quantité d'eau ; la nuit suivante, un
certain nombre encore fut noyé. La vie leur
était si à charge, qu'eux mêmes se précipitaient
à l'envi dans les flots.

Quand le brick arriva à la Jamaïque, il
y eut un procès entre les assureurs et les
propriétaires ; on ne crut pas nécessaire de
mettre en cause l'auteur des meurtres, qui
s'embarqua de nouveau pour aller, sans doute,
immoler d'autres victimes.

Le capitaine Vhiters, raconte qu'un vaisseau
négrier, chargé de *neuf cents* nègres fut sur-
pris par un calme plat fort long ; qu'il fallut
réduire à un tel point les rations des esclaves
et donner la mort à un si grand nombre de ces
infortunés, expirant d'inanition, qu'il n'arriva
que *cent huit* noirs aux indes orientales.

Le même capitaine digne de foi, sans doute,
rapporte encore qu'un bâtiment négrier, ayant
échoué, l'équipage, abandonna les esclaves ;
muni de ses armes il se sauva à l'aide des ca-

nois et aborda une île très-voisine : les noirs dévorés par la faim , parvinrent au bout de 40 heures à briser leurs fers : ils se trouvèrent, à leur grand étonnement, maîtres du navire. Bientôt, avec les mâts, les tonneaux, les cordages, ils firent un solide radeau et se dirigèrent vers la même île, mais ils y furent reçus à coups de fusils par l'équipage qui redoutait de cruelles repressailles. La persévérance des nègres pour débarquer fut si opiniâtre, et le feu des adversaires si meurtrier, que *trois cents dix neuf esclaves* perdirent la vie : il n'en resta, sur le radeau, que *trente quatre* dont on s'empara.

Un négociant et deux capitaines, faisant la traite en Gorée, ont avoué à l'estimable marin Vadstroem, commandant une frégate danoise, que les vaisseaux négriers avaient toujours du poison à bord pour faire mourir les esclaves au besoin, et que c'est ainsi que le capitaine L***, en 1780, empoisonna 480 nègres.....

La conséquence naturelle des tourmens affreux auxquels sont en proie les noirs pendant le trajet, est la résolution de se détruire; ils refusent de prendre aucune nourriture. Qu'a donc imaginé, dans cette circonstance, une barbarie effrénée? Lorsque les esclaves ont résisté aux efforts, aux tortures qu'on emploie pour les contraindre à ouvrir la bouche, lorsqu'inutilement on a brisé leurs dents qu'ils ne veulent point desserrer, on brûle leurs lèvres avec des charbons embrâsés !

La plume se refuse à retracer de semblables horreurs. Nous cesserons ici l'épouvantable narration de faits qui signalent suffisamment à l'exécration publique et à toute la sévérité des lois, la criminelle, l'odieuse Traite des noirs.

Examinons maintenant comment la France, espère la détruire.

PROJET DE LOI sur la traite des noirs, présenté le 14. décembre à la chambre des pairs, par m. le ministre de la marine.

Art. 1er. Quiconque aura armé ou fait armer un bâtiment dans le but de se livrer au trafic connu sous le nom de *traite des noirs*, sera puni d'un emprisonnement de 2 à 5 ans, si le bâtiment est saisi dans le port d'armement avant le départ.

La preuve de la destination résultera, soit des dispositions faites à bord, soit de la nature du chargement.

2. Les bailleurs de fonds, assureurs, capitaine et subrécargue dudit navire, seront punis de la même peine.

3. Si le bâtiment est saisi en mer, avant qu'aucun fait de traite ait été effectué, les armateurs seront punis de 10 à 20 ans de travaux forcés.

Les bailleurs de fonds et assureurs seront punis de la réclusion.

Le capitaine et le subrécargue seront punis de cinq ans à dix ans de travaux forcés.

Les officiers et les hommes de l'équipage seront punis de la réclusion.

4. Si le crime de traite a été commis, le capitaine et le subrécargue du bâtiment seront punis de 10 à 20 ans de travaux forcés.

Les officiers, les hommes de l'équipage et tous autres individus qui auront sciemment participé, aidé ou assisté au trafic, seront punis de 5 à 10 ans de travaux forcés, le tout sans préjudice des peines portées contre les armateurs, bailleurs de fonds et assureurs, par l'article précédent.

5. Dans tous les cas ci-dessus, le bâtiment et la cargaison seront saisis et confisqués, et les coupables condamnés solidairement à une amende qui ne pourra excéder le double de la valeur du bâtiment et de la cargaison, ni être moindre de ladite valeur.

6. Ne seront passibles d'aucune peine les hommes de l'équipage, autres que les commandant, officier ou subrécargue, qui, avant toutes poursuites connues d'eux, et au plus tard dans les quinze jours de leur débarquement, auront déclaré aux agens de l'autorité, soit dans les ports de France ou des colonies, soit dans les pays étrangers, les faits relatifs à la traite dont ils auraient eu connaissance.

7. Les crimes et délits non prévus par la présente loi, qui auraient été commis à bord des navires employés à la traite seront punis conformément au code pénal.

8. Sont interdits la fabrication, la vente et l'achat des fers spécialement employés à la traite des noirs.

Quiconque posséderait des fers de cette nature sera tenu d'en faire la déclaration dans le délai de quinze jours, et de les dénaturer dans le délai de trois mois, à dater de la promulgation de la présente loi, sous peine de six mois d'emprisonnement.

A dater de la même époque, quiconque fabriquera, achetera ou vendra des fers de traite, sera puni d'un emprisonnement d'un à deux ans.

9. Sont interdits le recel, la vente et l'achat des noirs de traite.

Sera réputé noir de traite, tout noir transporté d'Afrique et introduit dans la colonie depuis moins de deux ans, à dater de la promulgation de la présente loi.

A dater de la même époque, quiconque recèlera sciemment un ou plusieurs noirs de traite, sera puni d'un emprisonnement de six mois à deux ans. Quiconque achetera ou vendra sciemment un ou plusieurs noirs de traite sera puni d'un emprisonnement d'un à cinq ans.

10. Les noirs de traite qui seront saisis, soit à bord des bâtimens négriers, soit dans les colonies, seront sur-le-champ déclarés libres. Acte authentique de leur libération sera dressé et inscrit sur un registre spécial, déposé au greffe de la cour royale.

Les noirs ainsi libérés seront soumis toutefois à un engagement de dix ans envers le gouvernement et employés, pendant cet espace de temps, dans les ateliers publics.

11. Les dispositions de l'article précédent seront appliquées aux noirs de traite provenant de saisies et existans actuellement dans nos colonies; l'engagement de dix ans courra pour ceux-ci, des jours de la promulgation de la présente loi.

12. La connaissance des crimes ou délits prévus par la présente loi sera attribuée au jury, lorsque le jugement aura lieu sur le territoire européen du royaume.

13. Lorsque le bâtiment aura été saisi ou conduit dans un port des colonies françaises, ou lorsque le crime ou le délit aura été commis dans ces colonies, la connaissance en sera déférée à la cour d'assises, composée conformément aux ordonnances royales des 30 septembre 1824, 24 septembre 1828, et 21 décembre 1828.

Les quatre assesseurs seront tirés au sort par le gouverneur en séance publique, parmi les douze fonctionnaires les plus élevés en grade de la colonie.

La liste de ces fonctionnaires sera, à cet

effet, arrêtée par le gouverneur et publiée au commencement de chaque année.

Au Sénégal, les crimes et délits en matière de traite de noirs continueront d'être déférés au conseil d'appel de la colonie.

14. Lorsque le gouverneur de la colonie jugera convenable, pour des causes graves, de réclamer un règlement de juges, il chargera le procureur-général de se pourvoir à cet effet devant la cour de cassation, et suspendra la poursuite.

15. Les fonds provenant de la confiscation des bâtimens et cargaisons seront, sauf les droits qui seront attribués aux capteurs, conformément aux lois et règlemens sur les peines maritimes, affectés, ainsi que le produit des amendes, à l'amélioration du sort des non libérés, et versés dans la caisse coloniale d'après les règles générales prescrites à cet égard.

16. Les arrêts et jugemens de condamnation en matière de traite des noirs seront insérés dans la partie officielle du *Moniteur* et dans le bulletin officiel de la colonie, par extraits, contenant les noms des individus condamnés, ceux des navires et des ports d'expédition. Cette insertion sera ordonnée par les cours et tri-

bunaux, indépendamment des publications prescrites par l'article 36 du code pénal.

17. La loi du 25 avril 1827 est abrogée.

QUELQUES OBSERVATIONS SUR LE PROJET DE LOI.

Ce projet ne laisse aucune incertitude sur
la franche et ferme volonté du gouvernement
français d'abolir la traite : on croit donc secon-
der ses vues manifestes en lui soumettant, à
la hâte, quelques observations.

Il ne s'agit plus de créer des obstacles à l'infâme trafic des nègres, mais de le rendre dé-
sormais impossible. L'entraver seulement, je le
repète ici, ce serait accroître les souffrances, les
tortures des malheureux africains dévoués à la
plus honteuse, à la plus barbare spéculation : il
importe en conséquence d'éviter les graves in-
convénients de mesures insuffisantes et de prévoir ce qui tue les meilleures lois : difficulté,
ou inexactitude dans leur exécution.

La loi projetée, que de nombreux intérêts
s'efforceront de paralyser, sera bientôt illusoire
si des *agens spéciaux* ne sont chargés de veiller

rigoureusement à ce qu'on n'élude point ses sages et sévères dispositions. Plus que toute autre, elle aura besoin d'une active et incorruptible surveillance.

L'article 9, par exemple, interdit le *recel*, la *vente* et l'*achat des noirs*. L'article 10, porte que les *noirs saisis* seront déclarés *libres*.

De quelle manière, le recel, la vente et l'achat, seront-ils découverts? Le hazard seul, les révélera-t-il à l'autorité? Mais, dans cette hypothèse, les crimes et délits resteront trop souvent ignorés, car les précautions seront multipliées à l'infini et toutes, aggraveront le sort des esclaves : ils seront bâillonnés, débarqués, pendant la nuit sur des points isolés de la côte, cachés dans les forêts, introduits furtivement chez les recéleurs, entassés dans des lieux souterrains etc.

Des surveillans *ad hoc*, semblent être indispensables pour la stricte exécution d'une pareille loi et leurs émolumens ne seraient point onéreux à l'état : le produit des prises, des saisies, (il y en aura encore), y pourvoirait. Lorsqu'on serait parvenu à détruire totalement l'importation par une vigilance de tous les instants, ces agens seraient employés dans l'administration des ateliers publics, ouverts aux nègres saisis et affranchis, d'après les termes de la loi.

On nommerait de préférence à ces places, d'anciens militaires, couverts de glorieuses blessures et décorés des insignes de l'honneur et de la bravoure, gages certains de leur incorruptibilité.

Une proposition remarquable, faite à la chambre des députés par l'un de ses membres et qui naguère détermina le renvoi de l'espèce au ministère de la marine ne peut manquer d'être reproduite, développée à l'époque prochaine de la discussion : on va sentir de quelle utilité deviendraient des agens spéciaux pour ajouter aux avantages du mode indiqué et féconder ses résultats. Telle est, en substance, la proposition :

»L'unique moyen de faire cesser cet abominable trafic, a dit l'orateur à la tribune, *) n'est pas de mettre en mer des escadres qui coûtent des sommes énormes et compromettent nos matelots, c'est tout simplement de charger un magistrat, non pas *créole*; mais européen, de faire le récensement exact des esclaves existans et de constater sur un régistre toutes les

---

*) Mr de Tracy.

mutations qui surviendront par décès ou autrement : c'est ainsi qu'on préviendra l'introduction de nouveaux nègres dans la colonie.
Cette introduction sera d'ailleurs d'autant plus
facile à empêcher que tout le monde sait
qu'il y a entre un nègre de traite, récemment
importé, et un ancien esclave, la même différence qui existe entre celui-ci et un blanc.«

De fréquents récensements seraient, à coup
sûr, une excellente voie pour arriver à la ré-
pression : or les agens spéciaux ayant le droit
de se présenter à l'improviste dans les habita-
tions pour vérifier les déclarations faites, chargés aussi de visiter inopinément les bâtiments
à leur arrivée ou à leur départ, il s'en sui-
vrait une impossibilité réelle de fraude : ces
mêmes agens auraient encore la mission de recevoir dans leurs tournées, les premières plaintes
des esclaves qui, hors des villes surtout, n'ont
aucun moyen de réclamer contre les plus affreux traitements. Ils seraient enfin sous les or-
dres d'un *magistrat* ou *commissaire spécial
du gouvernement*, NON CRÉOLE.

L'article 9 dit que les hommes de l'équipage qui déclareraient les faits dont ils auraient
eu connaissance, concernant la Traite, ne se-

raient passibles d'aucune peine : cet article ne laisserait-il pas à désirer que leurs aveux fussent plus encouragés?

Des *Primes* de déclarations, non seulement stimuleraient les dépositions, mais encore retiendraient beaucoup de spéculateurs : Uu seul matelot, un seul mousse, pourrait dénoncer l'infraction à la loi; bien que les marins négriers soient très-largement rétribués, on ferait ensorte que la récompense promise fût toujours d'une valeur au-dessus de leur solde et de leur part dans la Traite; l'appât de l'or, d'un coté, la crainte du châtiment de l'autre auraient promptement fixé leur choix. Il est entendu que l'on accorderait également des *Primes* aux agens spéciaux et qu'elles seraient pareillement prélevées sur le produit de la vente des bâtimens saisis, ou des amendes prononcées.

Puisqu'il est vrai que les individus qui osent se livrer à cet exécrable commerce, considèrent tout homme noir comme une *marchandise* et qu'à l'avenir, l'introduction de cette *marchandise* sera sérieusement prohibée aux antilles françaises, il faut donc créer de véritables *douaniers de la Traite.*

Il faut donc, je le dis encore une fois, ne pas se borner à augmenter les entraves de cette horrible *contrebande*, on doublerait ses atrocités, il faut l'anéantir à jamais.

On peut affirmer qu'avec un semblable système d'exécution, la loi présentée, fortement conçue, fermera bientôt en France cette grande plaie sociale que tous les cabinets, à la voix de l'humanité, ont aussi résolu de cicatriser dans leurs états, par des traités dont on connait les principales stipulations.

LOIS ANGLAISES.

A l'appui de la proposition d'établir *des primes*, il est utile de citer les lois britanniques :

En exécution de deux bills du parlement, aucun navire ne peut sortir des ports de l'Angleterre, pour faire le commerce des esclaves. Les détails qui suivent, prouvent que l'attention la plus vigilante surveille l'exécution de ces réglemens. Tous les navires en charge dans un port de la Grande-Bretagne, à bord desquels il serait trouvé des fermetures grillées pour donner de l'air aux nègres, ou des ventilateurs pour le renouveler, des chaînes ou plus particulièrement des menottes pour les pieds ou les mains, des cases divisées en ménuiserie, peuvent être saisis et confisqués, comme s'ils avaient effectivement une cargaison d'esclaves. Si, dans leurs courses, les capitaines des vaisseaux de l État découvrent sur un bâtiment anglais quelques-uns des instrumens que nous venons d'indiquer, il leur est enjoint de s'emparer du navire, même dans le cas où ils ne trouveraient pas un seul esclave à bord. Le vaisseau doit être vendu avec tout son matériel, et le produit est réparti entre le capitaine, les officiers et l'équipage, comme lors de la vente d'un bâtiment pris sur l'ennemi en tems de guerre. Ce n'est pas tout encore : on voulait être sûr de la vigilance des croisières, et, dans ce but, la loi accorde aux équipages une *prime d'argent*, suivant le nombre et la qualité des nègres trouvés à bord d'un navire, dans la proportion de 30 livres sterling (720 fr.) par nègre, 20 liv. sterl. (480 fr.) par négresse, et 10 liv. sterl. (240 fr.) pour chaque fille ou garçon. Quelquefois leur nombre est considérable, et alors la prise d'un bâtiment négrier peut rapporter à un équipage 12,000 livres sterling (328,000 fr.), sans y comprendre la valeur du navire.

Toutes les personnes trouvées à bord de ces navires capturés, sont immédiatement jugées dans les cours d'amirauté les plus voisines du lieu, ou sont mises aux fers et ramenées dans leur patrie.

Suivant la gravité des cas, le jury applique la peine de sept à quatorze années de travaux forcés en Angleterre, ou de déportation à la Nouvelle-Hollande. Il est encore enjoint aux capitaines des vaisseaux de l'État de ramener en Angleterre tout citoyen anglais trouvé à bord d'un navire étranger se livrant à la traite : ainsi, les coupables ne peuvent espérer d'échapper, ni sous pavillon étranger, ni sous les couleurs de la Grande-Bretagne.

Quand l'Angleterre prit possession de l'île de Saint-

Maurice, qui lui fut cédée par la France à la dernière paix, on y portait assez régulièrement des esclaves de Madagascar. Le gouverneur ne fut pas long-temps à recevoir l'ordre d'arrêter la traite ; il publia une proclamation dans ce sens, et des vaisseaux de guerre furent envoyés pour surveiller la côte. On prit un grand nombre de bâtimens négriers ; leurs capitaines furent arrêtés et traduits devant les tribunaux de l'île ; mais, ce qu'il était facile de prévoir, le jury de l'Ile-de-France, presqu'entièrement composé de colons intéressés à la traite, acquitta constamment les accusés, quoique les preuves de culpabilité fussent de la nature la moins équivoque. Ce scandale se répéta pendant deux ans. Il y eut nombre de prises de bâtimens négriers, et il fut impossible d'obtenir une seule condamnation.

Le gouvernement enjoignit au gouverneur Farquhar de ne jamais traduire les accusés devant les tribunaux de l'Ile-de-France, mais de les envoyer en Angleterre, quelque considérables que fussent les frais de transport, pour y être jugés avec plus d'impartialité.

QUELQUES IDÉES GÉNÉRALES.

Lorsqu'on a porté de douloureux regards sur le déplorable sort de la race noire, cette question se présente d'abord à l'esprit :

Quels sont donc ces malheureux Africains que l'Europe condamne, en naissant, à tant d'angoisses, de supplices, de tortures, de travaux

accablans, de privations continuelles, à un as-
servissement héréditaire, à un esclavage qui ne
finit qu'avec le dernier souffle d'une vie de dou-
leur ? des êtres dont la conformation est la
même que la nôtre : des hommes dont l'intelli-
gence n'a besoin que de développement, d'instruction, des hommes aptes à toutes les opérations
de l'esprit, à toutes les transactions commer-
ciales, à toutes les fonctions civiles ou militaires. Le gouvernement d'Haïti ne nous en
offre-t-il pas une preuve irréfragable? rappelle-
rons-nous ici, cette énergique qualification que
prit Toussaint-Louverture en écrivant à Buo-
naparte : *le premier des noirs au premier des
blancs*, ne décèle-t-elle pas, dans l'ame du nègre,
un sentiment très-prononcé de grandeur et d'élévation? Avec quelle bravoure, quelle adroite
tactique ces esclaves, à peine libres, ont-ils su
repousser, détruire la formidable expédition de
St-Domingue commandée par le général Leclerc?
Citerons-nous enfin l'intrépidité extraordinaire,
le génie audacieux qui valurent à ce sauvage
Gambien le surnom de Wasa?

C'est donc un fait constant, avéré, il n'existe
entre l'Européen et le nègre civilisé que la seule
différence de couleur. Tranchons le mot : la

liberté, mais une sage liberté est due aux noirs, comme elle appartient aux blancs. *)

A Dieu ne plaise que nous ayons la pensée d'un affranchissement spontané : l'image des massacres du Cap est encore présente à notre mémoire : certes, nous ne nous écrierons pas comme le jeune et impétueux Barnave à l'assemblée constituante, *périssent les colonies plutôt qu'un principe.* Nous croyons aujourd'hui qu'on peut conserver les colonies et maintenir le principe.

Le moment est venu où la prudence et l'humanité, secondées par une loi libératrice doivent joindre à l'abolition de la Traite, celle de la servitude : **) l'instant est enfin arrivé où les Européens veulent que leurs frères d'Afrique, par la seule raison qu'ils sont *noirs*, cessent

---

*) A Londres, la chambre des communes a reçu, dans sa séance du 4 novembre dernier, un grand nombre de pétitions contre *l'esclavage des noirs.*

**) On sait que le premier qui a affranchi ses esclaves, dans l'amérique septentrionale est le fondateur des *Quakers,* Georges Fox : après lui, Wolmann et Guillaume Penn, de 1727 à 1751.

Dans les deux Amériques, l'affranchissement n'est encore que partiel.

d'être assimilés aux bêtes de somme et d'avoir les membres déchirés à coups de fouet, cessent d'être livrés, abandonnés à la férocité d'une classe réprouvée d'individus qui, peu satisfaits de tremper leurs mains dans un commerce de sang, poussent l'incroyable barbarie jusqu'à faire des souffrances de l'esclave un objet de délassement, de recréation : nous publierons l'horrible trait suivant :

Il y avait à Rio-Janeiro, vers le commencement du règne de l'empereur Don Pedro, un orfèvre dont l'affreux plaisir était de mettre le poignet gauche de son nègre dans un étau et de *limer* ses doigts réunis et serrés par une forte ligature. Le malheureux endura ce long supplice qui se renouvellait presque chaque jour et faisait l'atroce jouissance de son maître : au bout de quelque tems, l'homme des tortures ordonna à son esclave de placer dans le fatal étau le poignet droit!... Celui-ci croyait avoir atteint le terme d'un effroyable martyre; il se jette aux genoux de son bourreau, qui insensible à ses pleurs, le menace et veut employer la force de son bras : le pauvre nègre, exaspéré, saisit un marteau dans l'atelier et tue ce monstre; mais il sait quel autre supplice l'at-

tend comme meurtrier, s'échappe de la maison,
pousse de grands cris, et vole se prosterner aux
pieds de l'Empereur qui sortait de son palais.
L'infortuné montrant son moignon à peine ci-
catrisé et la lime encore ensanglantée, apprend
au monarque la cause du crime qu'il vient de
commettre; Don Pedro frémit et lui fait grâce.

Puissent ces vœux être entendus! Non, ce
ne sont point des fers qu'il faut porter aux in-
nombrables populations des côtes d'Afrique, mais
des moyens de civilisation : ce ne sont pas
des bourreaux qu'il faut leur envoyer, mais
des amis de l'humanité, des hommes qui les
instruisent en gagnant leur confiance et leur
amitié, qui leur apprennent la culture des
terres, l'exploitation de ses produits, et dé-
veloppent les germes de commerce que le besoin des échanges a déjà sémés parmi eux.

On opposera peut-être à ce système le ca-
ractère, les vices des nègres de la Guinée,
fourbes, ivrognes, paresseux et insoucians. Nous
répondrons : si les bienfaits de la civilisation
étaient opiniâtrement repoussés par ces sau-
vages, ne pourrait-on pas chercher à les ré-
pandre chez les indigènes du Cap-Vert, labo-
rieux, sobres et peu dissimulés; les progrès

que feraient, au milieu de ces derniers, l'agriculture et le commerce, ne tarderaient pas à s'étendre jusqu'aux contrées limitrophes ; celles-ci, témoins des grands avantages qui en résulteraient, finiraient par sortir d'elles-mêmes de leur stérile apathie.

Eh ! d'ailleurs, semblable essai n'a-t-il pas été déjà couronné d'un plein succès ? la Société Africaine de Londres, présidée par l'honorable Clarkson, n'a-t-elle pas fondé sur les bords du Gambia, à *Sierra-Léone*, un établissement pour instruire les nègres dans l'agriculture et même dans les sciences ? depuis l'année 1800, n'est-il pas constant que plusieurs de ces mêmes hommes qu'on ne croyait bons qu'à vendre et à souffrir, ont appris l'anglais, l'arabe, les *mathématiques* et les préceptes du christianisme ?

Pourquoi n'imiterions-nous pas la Société anglaise ? d'aussi nobles efforts sembleraient d'autant mieux appartenir aux français que ce sont eux qui, selon plusieurs auteurs, ont découvert le Cap-Vert et la Guinée ; il paraît certain que les Dieppois y abordèrent les premiers en 1364, sous Charles V ; s'y établirent et naviguèrent sur ces côtes plus de 50 ans avant que les Portugais en aient eu connaissance.

Les noms de *baye* de *France*, de *Paris*, de *petit Dieppe* qui subsistent encore, ne laissent aucun doute sur le fait d'ancienne possession; mais alors, la Traite n'existait pas, et il est évident que ce ne sont pas les français qui l'y introduisirent, puisque jusqu'en 1604, année où les anglais s'emparèrent, à main armée, de nos établissemens, les Dieppois faisaient seulement commerce de poudre d'or, de gomme, de plumes d'autruches, d'ambre gris etc., c'est donc postérieurement que la Traite a pris naissance.

D'immenses bénéfices rendirent ses progrès aussi rapides qu'affreux. En mars 1724, un édit, appelé *Code noir* fut donné à Versailles pour mettre fin aux horreurs qui se commettaient : mais, ce *Code noir*, presque tout en faveur du colon, a laissé, dit-on, de nombreux crimes impunis et peut en laisser encore : les feuilles publiques ont retenti, il y a peu d'années, d'épouvantables forfaits qui semblèrent n'être suivis que d'un lent et faible châtiment. Une révision de ce code d'un siècle, paraît urgente : il est à souhaiter qu'elle ne tarde point à fixer l'attention du législateur.

Si, en Angleterre, les noms de Wilberforce, de Buxton, de Clarkson ont été illustrés par la défense des noirs, la tribune française a déjà

signalé à la reconnaissance des africains esclaves, de célèbres orateurs, des orateurs qui
élèveront encore une voix éloquente dès qu'il
s'agira d'adoucir leurs maux et de défendre
leurs droits.

Contrairement à l'usage, c'est en terminant
que je solliciterai l'indulgence du lecteur : je
l'invoquerai par un motif particulier. Une matière aussi importante, eût nécessité de nombreux développements et un travail assidu. Les
soins qu'exigent une santé affaiblie, un régime
sévère, suites d'une affection grave qui a de
beaucoup, prolongé mon séjour dans cette ville
thermale, m'ont empêché de mettre à profit
tous les matériaux qui m'accompagnèrent dans
mon voyage, entrepris avec l'intention de les
utiliser pendant la saison des eaux : je m'en oc-
cupais toutefois et plusieurs lithographies étaient
confiées à un dessinateur.

La prompte présentation du *projet de loi*
ne m'a permis de publier aujourd'hui que des
fragments de l'ouvrage. Je me suis empressé
de payer un tribut à la philanthropie et m'estime
heureux de retourner très-prochainement dans
la capitale, après avoir rempli ce premier devoir
envers l'humanité.

Un Français, philanthrope.

Aix-la-Chapelle, 24 décembre 1830.

P. S. Le projet de loi n'a été connu ici que le 18, par les journaux de Paris du 15.

POST-SCRIPTUM.

PORTION DU TERRITOIRE D'ALGER CONSACRÉE A UNE COLONIE DE NOIRS AFFRANCHIS.

Quand un bâtiment négrier est capturé sur les côtes de Guinée, dans les mers africaines ou un peu au-delà de ces parages, il est ramené en Afrique, à la colonie anglaise de Sierra-Leone, avec tous ses esclaves à bord.

A leur arrivée à Sierra-Leone, les nègres sont débarqués à Free-Town, capitale de la colonie. Dès ce moment, ils sont libres.

On les dirige dans l'intérieur des terres, où il leur est assigné une portion du territoire acheté par la colonie. On leur laisse le choix ou de former un nouvel établissement, ou bien d'être reçus parmi les habitans d'un ancien village.

Parvenus à leur destination, *un gouverneur surintendant* leur donne des terres à défricher. Il leur enseigne également à construire des cabanes en lignes régulières, de manière à former des rues. Le gouvernement leur fournit des provisions, des vêtemens, des instrumens d'agriculture, et ces dons gratuits sont continués pendant deux années. Après un certain tems, on leur bâtit, toujours aux frais du gouvernement, une petite église, un local pour une école d'instruction, et les desservans de ces deux établissemens reçoivent régulièrement des honoraires. Lorsqu'ils ont défriché un terrain d'une certaine etendue et proportionné à leur nombre, *un gouverneur-surveillant*, résidant à Free-Town, en désigne une certaine division en rapport avec les besoins de chaque famille.

Cette concession de territoire est enregistrée dans les archives de la colonie.

Ne pourrait-on pas employer quelques vastes plaines du territoire d'Alger à former un semblable établissement ?

EXPLICATION DES RENVOIS DE LA PLANCHE.

A. Appareil nommé *barre de justice*, garnie de *menottes* pour garotter les pieds des esclaves. Chaque barre a environ six pieds de long : elle est garnie de huit menottes, qui servent à attacher huit esclaves. L'extrémité est percée d'un trou par lequel passe la branche du cadenas B, qui retient les menottes.

C. Carcan ou collier à charnière, qui se ferme au moyen d'une vis. Les deux œillets pratiquées dans ce colier sont destinées à recevoir les anneaux d'une chaîne que l'on arrête au moyen d'un cadenas, passé dans les deux chaînes, et qui sert à amarrer les esclaves, soit à bord, soit avant leur embarquement.

D. Menottes pour les poignets.

E. *Poucettes* que l'on serre à volonté, et jusqu'à faire jaillir le sang, au moyen d'une vis et d'un écrou.

F. Clef pour serrer à la fois les poucettes et ouvrir, ou fermer le collier.

G. Entre-pont d'un navire négrier, ayant trois pieds d'élévation et dans lequel espace sont enchaînés les esclaves pendant la traversée.

H. Cette barre doit être soudée au point de jonction I ; et le grand cadenas, passé dans le trou percé à l'un des bouts, afin de retenir les menottes.

K. Quand on prend les nègres dans les bois, cette chaîne sert à les retenir jusqu'à l'embarquement : pour cela, on passe au tour d'un arbre la chaîne dont on réunit les deux bouts de la manière indiquée sur la planche.

FERS EMPLOYÉS POUR LA TRAITE DES NOIRS

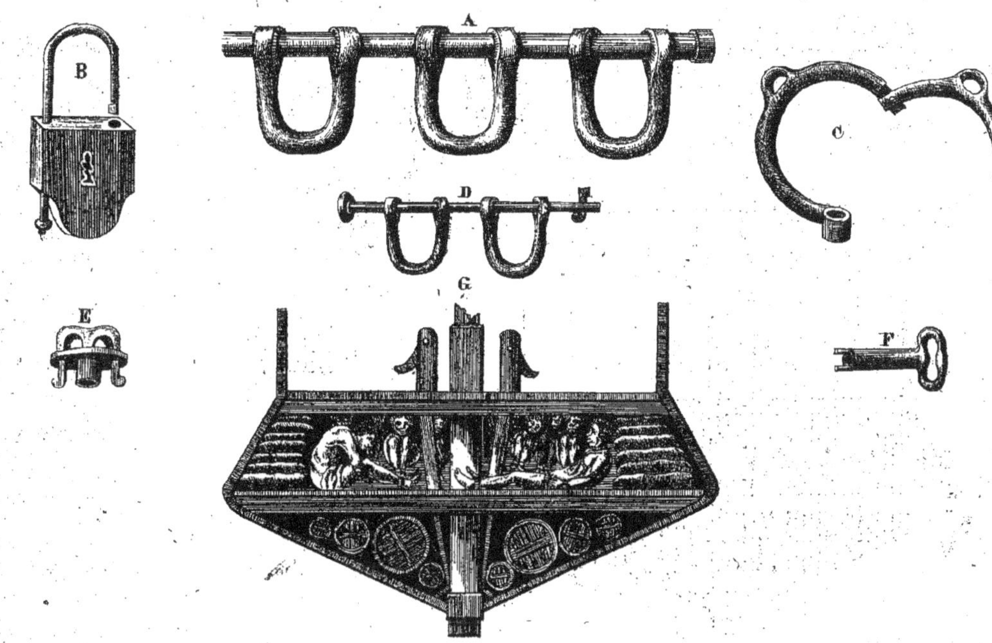

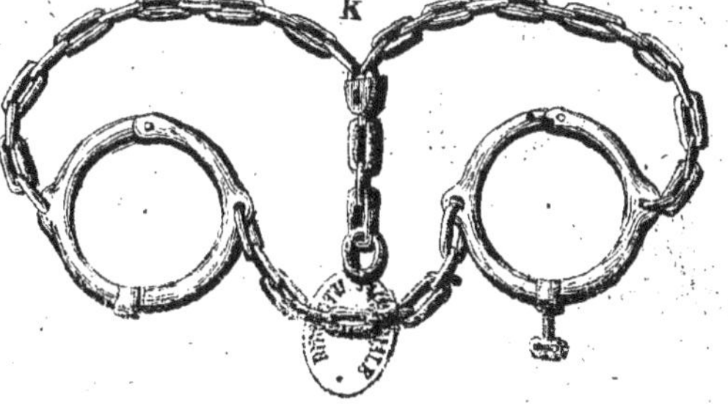